German

2002 Weekly Engagement Calendar

BROWNTROUT PUBLISHERS, INC.
PO BOX 280070
SAN FRANCISCO, CALIFORNIA 94128-0070
800.777.7812
WWW.BROWNTROUT.COM

PUBLICATIONS / BROWNTROUT.COM

BrownTrout offers the most extensive line of calendars in the industry with over 650 titles on a wide variety of subjects including fine art, history, architecture, travel, sports, plants, literature, wildlife, cats, dog breeds, horses, lighthouses, rural America, Canada, Mexico, travel, U.S. cities, regions, national parks, and states.

If you are interested in other calendars and books published by BrownTrout, please visit our website: browntrout.com for a complete online catalog that includes descriptions for all of our titles. In addition, your bookseller can search for any of our titles under the ISBN prefixes as follows:

0-7631- for calendars;   1-56313- for books.

FACES

We at BrownTrout have chosen the most recognizable celebrities in the world for our 2002 FACES calendars including Elvis Presley®, Marilyn Monroe®, The Beatles™, and James Dean. FACES presents official, licensed calendars with the same flair and production quality for which BrownTrout is well-known. Visit our website to view the complete line of FACES calendars at browntrout.com.

MOON PHASES

The reference for all moon phases is *The American Ephemeris for the 21st Century*, a noon ephemeris based on Universal Time (U.T.), which is the same for all practical purposes as Greenwich Mean Time. Therefore, the reader should subtract five hours for the equivalent time on the east coast of the United States, which may change the date of certain events.

BOOKS

BrownTrout also offers an extensive line of high quality books on a variety of subjects. Our newest publications are a series of beautifully illustrated and authoritatively written books on the most popular dog breeds including *For the Love of Labradors, For the Love of Golden Retrievers, For the Love of Rottweilers,* and *For the Love of Pugs.* For information on these new titles and our national parks, wilderness photography, poetry, travel, and children's books, please visit our website: browntrout.com.

POSTCARD BOOKS

BrownTrout also publishes postcard books on many of our popular photographic subjects. The postcard books feature the high quality for which BrownTrout is well-known. Each book contains 21 different images printed on cover stock, laminated, and bound into a softcover book. The individual cards are perforated at the binding edge for removal and mailing. Postcard books are also great mementos of places visited.

Entire contents ©2001 BrownTrout Publishers Inc. • Photography ©2001 The Respective Photographers
BrownTrout Publishers • P.O. Box 280070 •San Francisco, CA 94128-0070 • www.browntrout.com
Toll free 800 777 7812 • Telephone 310 316 4480 • Fax 310 316 1138 • BrownTrout Canada 888 442 4943

INTERNATIONAL AFFILIATES

CANADA
BrownTrout Publishers
P.O. Box 23031, Westgate Postal Outlet
Cambridge ON N1S 4Z6, Canada
519 442 4943 • Canada Toll Free: 888 254 5842

UNITED KINGDOM
BrownTrout Publishers, Ltd.
Redland Office Centre, 157 Redland Rd.
Bristol BS6 6YE, United Kingdom
(44) 117 973 9191• UK Toll Free: 0800 169 3718

AUSTRALIA
BrownTrout Publishers Pty., Ltd.
Suite 11,283 Glenhuntly Rd.
Elsternwick VIC 3185, Australia
(61) 3 9690 7177 • Australia Toll Free: 1800 111 882

MEXICO
Editorial Salmotruti, SA de CV
Hegel 153 Int. 903, Colonia Polanco,
Del, Miguel Hidlago, 11560 Mexico D.F., Mexico
(52) 5 545 0492 • Mexico Toll Free: 01 800 716 7420

Year Planner 2002

January		February		March		April	
1	Tu	1	Fr	1	Fr	1	Mo
2	We	2	Sa	2	Sa	2	Tu
3	Th	3	Su	3	Su	3	We
4	Fr	4	Mo	4	Mo	4	Th
5	Sa	5	Tu	5	Tu	5	Fr
6	Su	6	We	6	We	6	Sa
7	Mo	7	Th	7	Th	7	Su
8	Tu	8	Fr	8	Fr	8	Mo
9	We	9	Sa	9	Sa	9	Tu
10	Th	10	Su	10	Su	10	We
11	Fr	11	Mo	11	Mo	11	Th
12	Sa	12	Tu	12	Tu	12	Fr
13	Su	13	We	13	We	13	Sa
14	Mo	14	Th	14	Th	14	Su
15	Tu	15	Fr	15	Fr	15	Mo
16	We	16	Sa	16	Sa	16	Tu
17	Th	17	Su	17	Su	17	We
18	Fr	18	Mo	18	Mo	18	Th
19	Sa	19	Tu	19	Tu	19	Fr
20	Su	20	We	20	We	20	Sa
21	Mo	21	Th	21	Th	21	Su
22	Tu	22	Fr	22	Fr	22	Mo
23	We	23	Sa	23	Sa	23	Tu
24	Th	24	Su	24	Su	24	We
25	Fr	25	Mo	25	Mo	25	Th
26	Sa	26	Tu	26	Tu	26	Fr
27	Su	27	We	27	We	27	Sa
28	Mo	28	Th	28	Th	28	Su
29	Tu			29	Fr	29	Mo
30	We			30	Sa	30	Tu
31	Th			31	Su		

Year Planner 2002

	May		June		July		August
1	We	1	Sa	1	Mo	1	Th
2	Th	2	Su	2	Tu	2	Fr
3	Fr	3	Mo	3	We	3	Sa
4	Sa	4	Tu	4	Th	4	Su
5	Su	5	We	5	Fr	5	Mo
6	Mo	6	Th	6	Sa	6	Tu
7	Tu	7	Fr	7	Su	7	We
8	We	8	Sa	8	Mo	8	Th
9	Th	9	Su	9	Tu	9	Fr
10	Fr	10	Mo	10	We	10	Sa
11	Sa	11	Tu	11	Th	11	Su
12	Su	12	We	12	Fr	12	Mo
13	Mo	13	Th	13	Sa	13	Tu
14	Tu	14	Fr	14	Su	14	We
15	We	15	Sa	15	Mo	15	Th
16	Th	16	Su	16	Tu	16	Fr
17	Fr	17	Mo	17	We	17	Sa
18	Sa	18	Tu	18	Th	18	Su
19	Su	19	We	19	Fr	19	Mo
20	Mo	20	Th	20	Sa	20	Tu
21	Tu	21	Fr	21	Su	21	We
22	We	22	Sa	22	Mo	22	Th
23	Th	23	Su	23	Tu	23	Fr
24	Fr	24	Mo	24	We	24	Sa
25	Sa	25	Tu	25	Th	25	Su
26	Su	26	We	26	Fr	26	Mo
27	Mo	27	Th	27	Sa	27	Tu
28	Tu	28	Fr	28	Su	28	We
29	We	29	Sa	29	Mo	29	Th
30	Th	30	Su	30	Tu	30	Fr
31	Fr			31	We	31	Sa

Year Panner 2002

September		October		November		December	
1	Su	1	Tu	1	Fr	1	Su
2	Mo	2	We	2	Sa	2	Mo
3	Tu	3	Th	3	Su	3	Tu
4	We	4	Fr	4	Mo	4	We
5	Th	5	Sa	5	Tu	5	Th
6	Fr	6	Su	6	We	6	Fr
7	Sa	7	Mo	7	Th	7	Sa
8	Su	8	Tu	8	Fr	8	Su
9	Mo	9	We	9	Sa	9	Mo
10	Tu	10	Th	10	Su	10	Tu
11	We	11	Fr	11	Mo	11	We
12	Th	12	Sa	12	Tu	12	Th
13	Fr	13	Su	13	We	13	Fr
14	Sa	14	Mo	14	Th	14	Sa
15	Su	15	Tu	15	Fr	15	Su
16	Mo	16	We	16	Sa	16	Mo
17	Tu	17	Th	17	Su	17	Tu
18	We	18	Fr	18	Mo	18	We
19	Th	19	Sa	19	Tu	19	Th
20	Fr	20	Su	20	We	20	Fr
21	Sa	21	Mo	21	Th	21	Sa
22	Su	22	Tu	22	Fr	22	Su
23	Mo	23	We	23	Sa	23	Mo
24	Tu	24	Th	24	Su	24	Tu
25	We	25	Fr	25	Mo	25	We
26	Th	26	Sa	26	Tu	26	Th
27	Fr	27	Su	27	We	27	Fr
28	Sa	28	Mo	28	Th	28	Sa
29	Su	29	Tu	29	Fr	29	Su
30	Mo	30	We	30	Sa	30	Mo
		31	Th			31	Tu

December 2001

SUNDAY
30

MONDAY
31

January 2002

TUESDAY
1

New Year's Day, Jour de l'An, Año Nuevo

Kwanzaa ends

WEDNESDAY
2

Day after New Year's Day (NEW ZEALAND)

Bank Holiday (SCOTLAND)

THURSDAY
3

FRIDAY
4

SATURDAY
5

©2001 Randi Hirschmann

©2001 Mark Raycroft

DECEMBER 2001

						1
2	3	4	5	6	7	8
9	10	11	12	13	14	15
16	17	18	19	20	21	22
23	24	25	26	27	28	29
30	31					

JANUARY 2002

		1	2	3	4	5
6	7	8	9	10	11	12
13	14	15	16	17	18	19
20	21	22	23	24	25	26
27	28	29	30	31		

FEBRUARY 2002

					1	2
3	4	5	6	7	8	9
10	11	12	13	14	15	16
17	18	19	20	21	22	23
24	25	26	27	28		

January 2002

3RD ☾ QTR 3:56 U.T.

SUNDAY
6

Epiphany, Épiphanie

Día de Reyes (MÉXICO)

MONDAY
7

TUESDAY
8

WEDNESDAY
9

THURSDAY
10

FRIDAY
11

SATURDAY
12

January 2002

NEW ● MOON 13:30 U.T.

SUNDAY
13

MONDAY
14

Coming of Age Day (JAPAN)

TUESDAY
15

WEDNESDAY
16

THURSDAY
17

FRIDAY
18

SATURDAY
19

DECEMBER 2001

						1
2	3	4	5	6	7	8
9	10	11	12	13	14	15
16	17	18	19	20	21	22
23	24	25	26	27	28	29
30	31					

JANUARY 2002

		1	2	3	4	5
6	7	8	9	10	11	12
13	14	15	16	17	18	19
20	21	22	23	24	25	26
27	28	29	30	31		

FEBRUARY 2002

					1	2
3	4	5	6	7	8	9
10	11	12	13	14	15	16
17	18	19	20	21	22	23
24	25	26	27	28		

©2001 *Mark Raycroft*

©2001 *Sharon Eide and Elizabeth Flynn*

DECEMBER 2001

						1
2	3	4	5	6	7	8
9	10	11	12	13	14	15
16	17	18	19	20	21	22
23	24	25	26	27	28	29
30	31					

JANUARY 2002

		1	2	3	4	5
6	7	8	9	10	11	12
13	14	15	16	17	18	19
20	21	22	23	24	25	26
27	28	29	30	31		

FEBRUARY 2002

					1	2
3	4	5	6	7	8	9
10	11	12	13	14	15	16
17	18	19	20	21	22	23
24	25	26	27	28		

January 2002

SUNDAY
20

MONDAY
21
1ST QTR 17:48 U.T.

Martin Luther King, Jr.'s Birthday (OBSERVED)

TUESDAY
22

WEDNESDAY
23

THURSDAY
24

FRIDAY
25

SATURDAY
26

Australia Day

January 2002

SUNDAY
27

MONDAY
28

FULL○MOON 22:52 U.T.

TUESDAY
29

WEDNESDAY
30

THURSDAY
31

February 2002

FRIDAY
1

SATURDAY
2

Groundhog Day

Día de la Candelaria (MEXICO)

DECEMBER 2001	JANUARY 2002	FEBRUARY 2002
1	1 2 3 4 5	1 2
2 3 4 5 6 7 8	6 7 8 9 10 11 12	3 4 5 6 7 8 9
9 10 11 12 13 14 15	13 14 15 16 17 18 19	10 11 12 13 14 15 16
16 17 18 19 20 21 22	20 21 22 23 24 25 26	17 18 19 20 21 22 23
23 24 25 26 27 28 29	27 28 29 30 31	24 25 26 27 28
30 31		

©2001 *Mark Raycroft*

©2001 *Mark Raycroft*

February 2002

SUNDAY
3

MONDAY
4

3RD ☾ QTR 13:34 U.T.

TUESDAY
5

Día de la Constitución (MÉXICO)

WEDNESDAY
6

Waitangi Day (NEW ZEALAND)

THURSDAY
7

FRIDAY
8

SATURDAY
9

February 2002

SUNDAY
10

MONDAY
11

National Foundation Day (JAPAN)

TUESDAY
12

NEW●MOON 7:42 U.T.

Fat Tuesday, Martes de Carnaval

Lincoln's Birthday (U.S.)

Chinese New Year (YEAR OF THE HORSE)

WEDNESDAY
13

Ash Wednesday, Mercredi des Cendres, Miércoles de Ceniza

THURSDAY
14

St. Valentine's Day, Saint-Valentin, Día del Amor y la Amistad

FRIDAY
15

SATURDAY
16

©2001 Kent & Donna Dannen

©2001 Alice Su

JANUARY 2002	FEBRUARY 2002	MARCH 2002
1 2 3 4 5	1 2	1 2
6 7 8 9 10 11 12	3 4 5 6 7 8 9	3 4 5 6 7 8 9
13 14 15 16 17 18 19	10 11 12 13 14 15 16	10 11 12 13 14 15 16
20 21 22 23 24 25 26	17 18 19 20 21 22 23	17 18 19 20 21 22 23
27 28 29 30 31	24 25 26 27 28	24 25 26 27 28 29 30
		31

February 2002

SUNDAY
17

MONDAY
18

Washington's Birthday (OBSERVED)

Presidents' Day (U.S.)

TUESDAY
19

1ST ☽ QTR 12:03 U.T.

WEDNESDAY
20

THURSDAY
21

FRIDAY
22

Washington's Birthday (U.S.)

SATURDAY
23

February 2002

SUNDAY
24

Día de la Bandera (MÉXICO)

MONDAY
25

Purim begins at sundown

TUESDAY
26

Lantern Festival (CHINA)
FULL○MOON 9:18 U.T.

WEDNESDAY
27

THURSDAY
28

March 2002

FRIDAY
1

St. David's Day

SATURDAY
2

JANUARY 2002
		1	2	3	4	5
6	7	8	9	10	11	12
13	14	15	16	17	18	19
20	21	22	23	24	25	26
27	28	29	30	31		

FEBRUARY 2002
					1	2
3	4	5	6	7	8	9
10	11	12	13	14	15	16
17	18	19	20	21	22	23
24	25	26	27	28		

MARCH 2002
					1	2
3	4	5	6	7	8	9
10	11	12	13	14	15	16
17	18	19	20	21	22	23
24	25	26	27	28	29	30
31						

©2001 *Mark Raycroft*

©2001 *Dave Porter*

FEBRUARY 2002

					1	2
3	4	5	6	7	8	9
10	11	12	13	14	15	16
17	18	19	20	21	22	23
24	25	26	27	28		

MARCH 2002

					1	2
3	4	5	6	7	8	9
10	11	12	13	14	15	16
17	18	19	20	21	22	23
24	25	26	27	28	29	30
31						

APRIL 2002

	1	2	3	4	5	6
7	8	9	10	11	12	13
14	15	16	17	18	19	20
21	22	23	24	25	26	27
28	29	30				

March 2002

SUNDAY
3

MONDAY
4

Labour Day (WESTERN AUSTRALIA)

TUESDAY
5

3RD ☽ QTR 1:26 U.T.

WEDNESDAY
6

THURSDAY
7

FRIDAY
8

International Women's Day

SATURDAY
9

March 2002

SUNDAY
10

Mothering Sunday (U.K.)

MONDAY
11

Labour Day (VICTORIA, AU)

TUESDAY
12

WEDNESDAY
13

New ● Moon 2:04 U.T.

THURSDAY
14

FRIDAY
15

Islamic New Year

SATURDAY
16

©2001 *Mark Raycroft*

©2001 *Mark Raycroft*

FEBRUARY 2002

					1	2
3	4	5	6	7	8	9
10	11	12	13	14	15	16
17	18	19	20	21	22	23
24	25	26	27	28		

MARCH 2002

					1	2
3	4	5	6	7	8	9
10	11	12	13	14	15	16
17	18	19	20	21	22	23
24	25	26	27	28	29	30
31						

APRIL 2002

	1	2	3	4	5	6
7	8	9	10	11	12	13
14	15	16	17	18	19	20
21	22	23	24	25	26	27
28	29	30				

March 2002

SUNDAY
17

St. Patrick's Day, Saint-Patrick, San Patricio

MONDAY
18

Canberra Day (CANBERRA, AU)

TUESDAY
19

VERNAL EQUINOX, EQUINOX DE PRINTEMPS, EQUINOCCIO DE PRIMAVERA 19:16 U.T.

WEDNESDAY
20

THURSDAY
21

Human Rights Day (SOUTH AFRICA)

Natalicio de Benito Juárez (MÉXICO)

1ST ☽ QTR 2:29 U.T.

FRIDAY
22

SATURDAY
23

March 2002

SUNDAY
24

Palm Sunday, Dimanche des Rameaux, Domingo de Ramos

MONDAY
25

The Annunciation, l'Annonciation, La Anunciación

TUESDAY
26

WEDNESDAY
.27

Passover begins at sundown
FULL○MOON 18:26 U.T.

THURSDAY
28

Maundy Thursday, Jueves Santo

FRIDAY
29

Good Friday, Vendredi Saint, Viernes Santo

SATURDAY
30

Holy Saturday, Sábado Santo

©2001 Zandria Muench Beraldo

©2001 *Dave Porter*

MARCH 2002

					1	2
3	4	5	6	7	8	9
10	11	12	13	14	15	16
17	18	19	20	21	22	23
24	25	26	27	28	29	30
31						

APRIL 2002

	1	2	3	4	5	6
7	8	9	10	11	12	13
14	15	16	17	18	19	20
21	22	23	24	25	26	27
28	29	30				

MAY 2002

			1	2	3	4
5	6	7	8	9	10	11
12	13	14	15	16	17	18
19	20	21	22	23	24	25
26	27	28	29	30	31	

March 2002

SUNDAY
31

Easter Sunday, Pâques, Pascua

Cesar Chavez Day (U.S.)

April 2002

MONDAY
1

Easter Monday, Lundi de Pâques, Lunes de Pascua

April Fools' Day

TUESDAY
2

WEDNESDAY
3

THURSDAY
4

3RD ☾ QTR 15:30 U.T.

FRIDAY
5

SATURDAY
6

April 2002

DAYLIGHT SAVING TIME BEGINS (U.S., CANADA)

SUNDAY
7

MONDAY
8

TUESDAY
9

WEDNESDAY
10

THURSDAY
11

FRIDAY
12

NEW ● MOON 19:22 U.T.

SATURDAY
13

©2001 Ralph A. Reinhold / Sandy Pines Farm

©2001 *Mark Raycroft*

MARCH 2002

					1	2
3	4	5	6	7	8	9
10	11	12	13	14	15	16
17	18	19	20	21	22	23
24	25	26	27	28	29	30
31						

APRIL 2002

	1	2	3	4	5	6
7	8	9	10	11	12	13
14	15	16	17	18	19	20
21	22	23	24	25	26	27
28	29	30				

MAY 2002

			1	2	3	4
5	6	7	8	9	10	11
12	13	14	15	16	17	18
19	20	21	22	23	24	25
26	27	28	29	30	31	

April 2002

SUNDAY
14

MONDAY
15

TUESDAY
16

WEDNESDAY
17

THURSDAY
18

FRIDAY
19

SATURDAY
20

1ST ☽ QTR 12:49 J.T.

April 2002

SUNDAY
21

MONDAY
22

Earth Day (U.S.)

TUESDAY
23

St. George's Day

WEDNESDAY
24

THURSDAY
25

ANZAC Day (Australia, New Zealand)

FRIDAY
26

Arbor Day (U.S.)

Full○Moon 3:01 u.t.

SATURDAY
27

Freedom Day (South Africa)

MARCH 2002

					1	2
3	4	5	6	7	8	9
10	11	12	13	14	15	16
17	18	19	20	21	22	23
24	25	26	27	28	29	30
31

APRIL 2002

	1	2	3	4	5	6
7	8	9	10	11	12	13
14	15	16	17	18	19	20
21	22	23	24	25	26	27
28	29	30

MAY 2002

			1	2	3	4
5	6	7	8	9	10	11
12	13	14	15	16	17	18
19	20	21	22	23	24	25
26	27	28	29	30	31

©2001 *Jackie Noble*

©2001 *Dave Porter*

MARCH 2002	APRIL 2002	MAY 2002
1 2 3 4 5 6 7 8 9 10 11 12 13 14 15 16 17 18 19 20 21 22 23 24 25 26 27 28 29 30 31	1 2 3 4 5 6 7 8 9 10 11 12 13 14 15 16 17 18 19 20 21 22 23 24 25 26 27 28 29 30	1 2 3 4 5 6 7 8 9 10 11 12 13 14 15 16 17 18 19 20 21 22 23 24 25 26 27 28 29 30 31

April 2002

SUNDAY
28

MONDAY
29

Greenery Day (JAPAN)

TUESDAY
30

Valborg (SWEDEN)

May 2002

Día del Niño (MÉXICO)

WEDNESDAY
1

May Day

Fête du Travail (FRANCE)

Día del Trabajo (MÉXICO)

Workers' Day (SOUTH AFRICA)

THURSDAY
2

FRIDAY
3

Constitution Memorial Day (JAPAN)

3RD ☾ QTR 7:17 U.T.

SATURDAY
4

May 2002

SUNDAY
5

Children's Day (JAPAN)

Batalla de Puebla (MÉXICO)

MONDAY
6

Bank Holiday (U.K., IRELAND)

May Day (NORTHERN TERRITORY, AU)

Labour Day (QUEENSLAND, AU)

TUESDAY
7

WEDNESDAY
8

Fête de la Victoire (FRANCE)

THURSDAY
9

FRIDAY
10

Día de la Madre (MÉXICO)

SATURDAY
11

©2001 Dave Porter

May 2002

NEW ● MOON 10:46 U.T.

SUNDAY
12

Mother's Day (U.S., CANADA, AUSTRALIA, NEW ZEALAND)

MONDAY
13

TUESDAY
14

WEDNESDAY
15

THURSDAY
16

FRIDAY
17

Shavuoth begins at sundown

SATURDAY
18

May 2002

SUNDAY
19

1ST QTR 19:43 U.T.

Pentecost, Pentecôte, Pentecostés

MONDAY
20

Victoria Day (CANADA)

TUESDAY
21

WEDNESDAY
22

THURSDAY
23

FRIDAY
24

SATURDAY
25

African Freedom Day

APRIL 2002

		2	3	4	5	6
7	8	9	10	11	12	13
14	15	16	17	18	19	20
21	22	23	24	25	26	27
28	29	30				

MAY 2002

			1	2	3	4
5	6	7	8	9	10	11
12	13	14	15	16	17	18
19	20	21	22	23	24	25
26	27	28	29	30	31	

JUNE 2002

						1
2	3	4	5	6	7	8
9	10	11	12	13	14	15
16	17	18	19	20	21	22
23	24	25	26	27	28	29
30						

©2001 *Dave Porter*

©2001 *Isabelle Francais*

APRIL 2002

	1	2	3	4	5	6
7	8	9	10	11	12	13
14	15	16	17	18	19	20
21	22	23	24	25	26	27
28	29	30				

MAY 2002

				1	2	3	4
5	6	7	8	9	10	11
12	13	14	15	16	17	18
19	20	21	22	23	24	25
26	27	28	29	30	31	

JUNE 2002

						1
2	3	4	5	6	7	8
9	10	11	12	13	14	15
16	17	18	19	20	21	22
23	24	25	26	27	28	29
30						

May 2002

SUNDAY
26

FULL○MOON 1:52 U.T.

Trinity Sunday, Domingo de la Santa Trinidad

Vesak (BIRTH & ENLIGHTENMENT OF BUDDHA)

MONDAY
27

Memorial Day (U.S., OBSERVED)

Bank Holiday (U.K.)

TUESDAY
28

WEDNESDAY
29

THURSDAY
30

Corpus Christi

FRIDAY
31

June 2002

SATURDAY
1

June 2002

SUNDAY
2

MONDAY
3
3RD QTR 0:06 U.T.

Queen's Birthday (NEW ZEALAND)

Bank Holiday (IRELAND)

Foundation Day (WESTERN AUSTRALIA)

TUESDAY
4

WEDNESDAY
5

THURSDAY
6

National Day (SWEDEN)

FRIDAY
7
Our Wedding

SATURDAY
8
Jack Wilcox 80th B'day Party

MAY 2002

		1	2	3	4
5	6	7	8	9	10	11
12	13	14	15	16	17	18
19	20	21	22	23	24	25
26	27	28	29	30	31

JUNE 2002

					1
2	3	4	5	6	7	8
9	10	11	12	13	14	15
16	17	18	19	20	21	22
23	24	25	26	27	28	29
30

JULY 2002

	1	2	3	4	5	6
7	8	9	10	11	12	13
14	15	16	17	18	19	20
21	22	23	24	25	26	27
28	29	30	31

©2001 *Randi Hirschmann*

©2001 Dave Porter

MAY 2002	JUNE 2002	JULY 2002
1 2 3 4	1	1 2 3 4 5 6
5 6 7 8 9 10 11	2 3 4 5 6 7 8	7 8 9 10 11 12 13
12 13 14 15 16 17 18	9 10 11 12 13 14 15	14 15 16 17 18 19 20
19 20 21 22 23 24 25	16 17 18 19 20 21 22	21 22 23 24 25 26 27
26 27 28 29 30 31	23 24 25 26 27 28 29	28 29 30 31
	30	

June 2002

SUNDAY
9

MONDAY
10

New ● Moon 23:48 u.t.

Queen's Birthday Holiday

(Australia, except WA)

TUESDAY
11

WEDNESDAY
12

THURSDAY
13

FRIDAY
14

Flag Day (U.S.)

SATURDAY
15

Dragon Boat Festival (China)

June 2002

SUNDAY
16

Father's Day (U.S., CANADA, U.K.)

Día del Padre (MÉXICO)

MONDAY
17

TUESDAY
18

1ST ☽ QTR 0:30 U.T.

WEDNESDAY
19

THURSDAY
20

FRIDAY
21

SUMMER SOLSTICE, SOLSTICE D'ÉTÉ, SOLSTICIO DE VERANO, 14:24 U.T.

SATURDAY
22

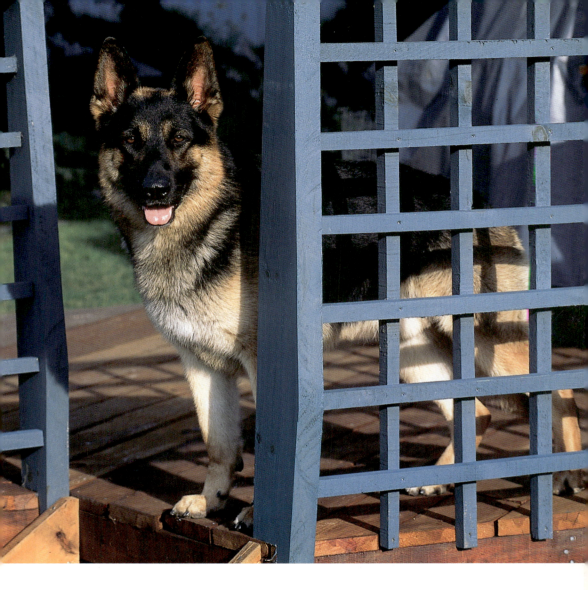

©2001 Mark Raycroft

©2001 Mark Raycroft

MAY 2002

		1	2	3	4
5	6	7	8	9	10	11
12	13	14	15	16	17	18
19	20	21	22	23	24	25
26	27	28	29	30	31

JUNE 2002

						1
2	3	4	5	6	7	8
9	10	11	12	13	14	15
16	17	18	19	20	21	22
23	24	25	26	27	28	29
30

JULY 2002

	1	2	3	4	5	6
7	8	9	10	11	12	13
14	15	16	17	18	19	20
21	22	23	24	25	26	27
28	29	30	31

June 2002

SUNDAY
23

MONDAY
24

Full○Moon 21:43 u.t.

St.-Jean-Baptiste (Québec)

TUESDAY
25

WEDNESDAY
26

THURSDAY
27

FRIDAY
28

SATURDAY
29

June 2002

SUNDAY
30

July 2002

MONDAY
1

Canada Day , Fête du Canada
3RD ☾ QTR 17:20 U.T.

TUESDAY
2

WEDNESDAY
3

THURSDAY
4

Independence Day (U.S.)

FRIDAY
5

SATURDAY
6

©2001 Barbara von Hoffmann

©2001 *Kent & Donna Dannen*

JUNE 2002

						1
2	3	4	5	6	7	8
9	10	11	12	13	14	15
16	17	18	19	20	21	22
23	24	25	26	27	28	29
30						

JULY 2002

	1	2	3	4	5	6
7	8	9	10	11	12	13
14	15	16	17	18	19	20
21	22	23	24	25	26	27
28	29	30	31			

AUGUST 2002

				1	2	3
4	5	6	7	8	9	10
11	12	13	14	15	16	17
18	19	20	21	22	23	24
25	26	27	28	29	30	31

July 2002

SUNDAY
7

MONDAY
8

TUESDAY
9

WEDNESDAY
10

NEW●MOON 10:27 U.T.

THURSDAY
11

FRIDAY
12

SATURDAY
13

July 2002

SUNDAY
14

Fête de la Bastille (FRANCE)

MONDAY
15

TUESDAY
16

WEDNESDAY
17

1ST QTR 4:48 U.T.

THURSDAY
18

FRIDAY
19

SATURDAY
20

Marine Day (JAPAN)

©2001 Zandria Muench Beraldo

©2001 Mark Raycroft

JUNE 2002

						1
2	3	4	5	6	7	8
9	10	11	12	13	14	15
16	17	18	19	20	21	22
23	24	25	26	27	28	29
30						

JULY 2002

	1	2	3	4	5	6
7	8	9	10	11	12	13
14	15	16	17	18	19	20
21	22	23	24	25	26	27
28	29	30	31			

AUGUST 2002

				1	2	3
4	5	6	7	8	9	10
11	12	13	14	15	16	17
18	19	20	21	22	23	24
25	26	27	28	29	30	31

July 2002

SUNDAY
21

MONDAY
22

TUESDAY
23

FULL○MOON 9:08 U.T.

WEDNESDAY
24

THURSDAY
25

FRIDAY
26

SATURDAY
27

July 2002

SUNDAY
28

MONDAY
29

TUESDAY
30

WEDNESDAY
31

August 2002

THURSDAY
1

3RD ☽ QTR 10:23 U.T.

FRIDAY
2

SATURDAY
3

JULY 2002

	1	2	3	4	5	6
7	8	9	10	11	12	13
14	15	16	17	18	19	20
21	22	23	24	25	26	27
28	29	30	31			

AUGUST 2002

				1	2	3
4	5	6	7	8	9	10
11	12	13	14	15	16	17
18	19	20	21	22	23	24
25	26	27	28	29	30	31

SEPTEMBER 2002

1	2	3	4	5	6	7
8	9	10	11	12	13	14
15	16	17	18	19	20	21
22	23	24	25	26	27	28
29	30					

©2001 *Mark Raycroft*

©2001 Jackie Noble

August 2002

SUNDAY
4

MONDAY
5

Bank Holiday (SCOTLAND, IRELAND)

British Columbia Day, New Brunswick Day, Ontario Day, Saskatchewan Day (Canada)

Picnic Day (NORTHERN TERRITORY, AU)

TUESDAY
6

WEDNESDAY
7

THURSDAY
8

NEW MOON 19:16 U.T.

FRIDAY
9

International Indigenous People's Day

SATURDAY
10

August 2002

SUNDAY
11

MONDAY
12

TUESDAY
13

WEDNESDAY
14

THURSDAY
15

1ST QTR 10:13 U.T.

FRIDAY
16

SATURDAY
17

©2001 *Mark Raycroft*

©2001 *Mark Raycroft*

August 2002

SUNDAY
18

MONDAY
19

TUESDAY
20

WEDNESDAY
21

THURSDAY
22

Full◯Moon 22:30 U.T.

FRIDAY
23

SATURDAY
24

August 2002

SUNDAY
25

MONDAY
26

Bank Holiday (U.K., EXCEPT SCOTLAND)

TUESDAY
27

WEDNESDAY
28

THURSDAY
29

FRIDAY
30

SATURDAY
31

3RD ☾ QTR 2:32 U.T

©2001 Kent & Donna Dannen

©2001 Mark Raycroft

AUGUST 2002	SEPTEMBER 2002	OCTOBER 2002
1 2 3	1 2 3 4 5 6 7	1 2 3 4 5
4 5 6 7 8 9 10	8 9 10 11 12 13 14	6 7 8 9 10 11 12
11 12 13 14 15 16 17	15 16 17 18 19 20 21	13 14 15 16 17 18 19
18 19 20 21 22 23 24	22 23 24 25 26 27 28	20 21 22 23 24 25 26
25 26 27 28 29 30 31	29 30	27 28 29 30 31

September 2002

SUNDAY
1

Father's Day (AUSTRALIA, NEW ZEALAND)

MONDAY
2

Labor Day (U.S., CANADA)

TUESDAY
3

WEDNESDAY
4

THURSDAY
5

FRIDAY
6

Rosh Hashanah begins at sundown

NEW ● MOON 3:11 U.T.

SATURDAY
7

September 2002

SUNDAY
8

MONDAY
9

TUESDAY
10

WEDNESDAY
11

THURSDAY
12

FRIDAY
13

1ST ☽ QTR 18:09 U.T.

SATURDAY
14

AUGUST 2002	SEPTEMBER 2002	OCTOBER 2002
1 2 3	1 2 3 4 5 6 7	1 2 3 4 5
4 5 6 7 8 9 10	8 9 10 11 12 13 14	6 7 8 9 10 11 12
11 12 13 14 15 16 17	15 16 17 18 19 20 21	13 14 15 16 17 18 19
18 19 20 21 22 23 24	22 23 24 25 26 27 28	20 21 22 23 24 25 26
25 26 27 28 29 30 31	29 30	27 28 29 30 31

©2001 *Dave Porter*

©2001 *Isabelle Francais*

AUGUST 2002

			1	2	3
4	5	6	7	8	9	10
11	12	13	14	15	16	17
18	19	20	21	22	23	24
25	26	27	28	29	30	31

SEPTEMBER 2002

1	2	3	4	5	6	7
8	9	10	11	12	13	14
15	16	17	18	19	20	21
22	23	24	25	26	27	28
29	30					

OCTOBER 2002

		1	2	3	4	5
6	7	8	9	10	11	12
13	14	15	16	17	18	19
20	21	22	23	24	25	26
27	28	29	30	31		

September 2002

SUNDAY
15
Respect for the Aged Day (JAPAN)

Yom Kippur begins at sundown

Noche del Grito (MÉXICO)

MONDAY
16
Día de la Independencia (MÉXICO)

TUESDAY
17

WEDNESDAY
18

THURSDAY
19

FRIDAY
20
Sukkot begins at sundown

FULL○MOON 14:00 U.T.

SATURDAY
21
Mid-Autumn Festival (CHINA)

September 2002

SUNDAY
22

MONDAY
23
AUTUMNAL EQUINOX, ÉQUINOX D'AUTOMNE, EQUINOCCIO DE OTOÑO 5:56 U.T.

TUESDAY
24

WEDNESDAY
25

THURSDAY
26

FRIDAY
27

SATURDAY
28

AUGUST 2002
             1 2 3
4 5 6 7 8 9 10
11 12 13 14 15 16 17
18 19 20 21 22 23 24
25 26 27 28 29 30 31

SEPTEMBER 2002
1 2 3 4 5 6 7
8 9 10 11 12 13 14
15 16 17 18 19 20 21
22 23 24 25 26 27 28
29 30

OCTOBER 2002
       1 2 3 4 5
6 7 8 9 10 11 12
13 14 15 16 17 18 19
20 21 22 23 24 25 26
27 28 29 30 31

©2001 *Isabelle Francais*

©2001 Mark Raycroft

SEPTEMBER 2002

1	2	3	4	5	6	7
8	9	10	11	12	13	14
15	16	17	18	19	20	21
22	23	24	25	26	27	28
29	30					

OCTOBER 2002

		1	2	3	4	5
6	7	8	9	10	11	12
13	14	15	16	17	18	19
20	21	22	23	24	25	26
27	28	29	30	31		

NOVEMBER 2002

					1	2
3	4	5	6	7	8	9
10	11	12	13	14	15	16
17	18	19	20	21	22	23
24	25	26	27	28	29	30

September 2002

SUNDAY
29

3RD ☾ QTR 17:04 U.T.

MONDAY
30

October 2002

Queen's Birthday Holiday (WESTERN AUSTRALIA)

TUESDAY
1

WEDNESDAY
2

THURSDAY
3

FRIDAY
4

SATURDAY
5

October 2002

New ● Moon 11:19 U.T.

SUNDAY
6

MONDAY
7

Labour Day (Canberra, New South Wales, AU)

TUESDAY
8

WEDNESDAY
9

THURSDAY
10

FRIDAY
11

SATURDAY
12

Día de la Raza (México)

SEPTEMBER 2002

1	2	3	4	5	6	7
8	9	10	11	12	13	14
15	16	17	18	19	20	21
22	23	24	25	26	27	28
29	30					

OCTOBER 2002

		1	2	3	4	5
6	7	8	9	10	11	12
13	14	15	16	17	18	19
20	21	22	23	24	25	26
27	28	29	30	31		

NOVEMBER 2002

					1	2
3	4	5	6	7	8	9
10	11	12	13	14	15	16
17	18	19	20	21	22	23
24	25	26	27	28	29	30

©2001 *Mark Raycroft*

©2001 *Mark Raycroft*

SEPTEMBER 2002

1	2	3	4	5	6	7
8	9	10	11	12	13	14
15	16	17	18	19	20	21
22	23	24	25	26	27	28
29	30					

OCTOBER 2002

		1	2	3	4	5
6	7	8	9	10	11	12
13	14	15	16	17	18	19
20	21	22	23	24	25	26
27	28	29	30	31		

NOVEMBER 2002

					1	2
3	4	5	6	7	8	9
10	11	12	13	14	15	16
17	18	19	20	21	22	23
24	25	26	27	28	29	30

October 2002

SUNDAY
13
1ST ☽ QTR 5:34 U.T.

MONDAY
14
Indigenous People's Day (U.S.)

Columbus Day (U.S., OBSERVED)

Thanksgiving Day (CANADA)

TUESDAY
15

WEDNESDAY
16

THURSDAY
17

FRIDAY
18

SATURDAY
19

October 2002

SUNDAY
20

FULL○MOON 7:21 U.T.

MONDAY
21

TUESDAY
22

WEDNESDAY
23

THURSDAY
24

United Nations Day

FRIDAY
25

SATURDAY
26

©2001 *Mark Raycroft*

SEPTEMBER 2002
1	2	3	4	5	6	7
8	9	10	11	12	13	14
15	16	17	18	19	20	21
22	23	24	25	26	27	28
29	30					

OCTOBER 2002
		1	2	3	4	5
6	7	8	9	10	11	12
13	14	15	16	17	18	19
20	21	22	23	24	25	26
27	28	29	30	31		

NOVEMBER 2002
					1	2
3	4	5	6	7	8	9
10	11	12	13	14	15	16
17	18	19	20	21	22	23
24	25	26	27	28	29	30

October 2002

DAYLIGHT SAVING TIME ENDS (U.S.,CANADA)

SUNDAY
27

MONDAY
28

Labour Day (NEW ZEALAND)

TUESDAY
29

3RD ☾ QTR 5:29 U.T.

WEDNESDAY
30

THURSDAY
31

November 2002

Halloween

FRIDAY
1

All Saints Day, Toussaint, Todos los Santos

SATURDAY
2

Día de los Muertos (MÉXICO)

November 2002

SUNDAY
3

Culture Day (JAPAN)

MONDAY
4

NEW ● MOON 20:36 U.T.

TUESDAY
5

Election Day (U.S.)

WEDNESDAY
6

Ramadan begins

THURSDAY
7

FRIDAY
8

SATURDAY
9

OCTOBER 2002

		1	2	3	4	5
6	7	8	9	10	11	12
13	14	15	16	17	18	19
20	21	22	23	24	25	26
27	28	29	30	31		

NOVEMBER 2002

					1	2
3	4	5	6	7	8	9
10	11	12	13	14	15	16
17	18	19	20	21	22	23
24	25	26	27	28	29	30

DECEMBER 2002

1	2	3	4	5	6	7
8	9	10	11	12	13	14
15	16	17	18	19	20	21
22	23	24	25	26	27	28
29	30	31				

©2001 *Kent & Donna Dannen*

©2001 Sharon Eide & Elizabeth Flynn

OCTOBER 2002

		1	2	3	4	5
6	7	8	9	10	11	12
13	14	15	16	17	18	19
20	21	22	23	24	25	26
27	28	29	30	31		

NOVEMBER 2002

					1	2
3	4	5	6	7	8	9
10	11	12	13	14	15	16
17	18	19	20	21	22	23
24	25	26	27	28	29	30

DECEMBER 2002

1	2	3	4	5	6	7
8	9	10	11	12	13	14
15	16	17	18	19	20	21
22	23	24	25	26	27	28
29	30	31				

November 2002

SUNDAY
10

MONDAY
11

1ST ☽ QTR 20:53 U.T.

Veterans' Day (U.S.)

Remembrance Day (CANADA)

TUESDAY
12

WEDNESDAY
13

THURSDAY
14

FRIDAY
15

SATURDAY
16

November 2002

SUNDAY
17

MONDAY
18

TUESDAY
19

WEDNESDAY
20

FULL○MOON 1:35 U.T.

Día de la Revolución Mexicana (MÉXICO)

THURSDAY
21

FRIDAY
22

SATURDAY
23

Labor Thanksgiving Day (JAPAN)

OCTOBER 2002	NOVEMBER 2002	DECEMBER 2002
1 2 3 4 5	1 2	1 2 3 4 5 6 7
6 7 8 9 10 11 12	3 4 5 6 7 8 9	8 9 10 11 12 13 14
13 14 15 16 17 18 19	10 11 12 13 14 15 16	15 16 17 18 19 20 21
20 21 22 23 24 25 26	17 18 19 20 21 22 23	22 23 24 25 26 27 28
27 28 29 30 31	24 25 26 27 28 29 30	29 30 31

©2001 *Mark Raycroft*

©2001 *Mark Raycroft*

OCTOBER 2002	NOVEMBER 2002	DECEMBER 2002
1 2 3 4 5	1 2	1 2 3 4 5 6 7
6 7 8 9 10 11 12	3 4 5 6 7 8 9	8 9 10 11 12 13 14
13 14 15 16 17 18 19	10 11 12 13 14 15 16	15 16 17 18 19 20 21
20 21 22 23 24 25 26	17 18 19 20 21 22 23	22 23 24 25 26 27 28
27 28 29 30 31	24 25 26 27 28 29 30	29 30 31

November 2002

SUNDAY
24

MONDAY
25

TUESDAY
26

WEDNESDAY
27

3RD ☾ QTR 15:47 U.T.

THURSDAY
28

Thanksgiving Day (U.S.)

FRIDAY
29

Chanukah begins at sundown

SATURDAY
30

St. Andrew's Day

December 2002

SUNDAY
1

Advent, 1er dimanche de l'Avent, Adviento

MONDAY
2

TUESDAY
3

NEW ● MOON 7:35 U.T.

WEDNESDAY
4

THURSDAY
5

Ramadan ends

FRIDAY
6

SATURDAY
7

Chanukah ends

©2001 Zandria Muench Beraldo

©2001 *M. E. Boniece*

NOVEMBER 2002
					1	2
3	4	5	6	7	8	9
10	11	12	13	14	15	16
17	18	19	20	21	22	23
24	25	26	27	28	29	30

DECEMBER 2002
1	2	3	4	5	6	7
8	9	10	11	12	13	14
15	16	17	18	19	20	21
22	23	24	25	26	27	28
29	30	31

JANUARY 2003
			1	2	3	4
5	6	7	8	9	10	11
12	13	14	15	16	17	18
19	20	21	22	23	24	25
26	27	28	29	30	31

December 2002

SUNDAY
8

MONDAY
9

TUESDAY
10

Nobel Day (SWEDEN)

WEDNESDAY
11

1ST ☽QTR 15:50 U.T.

THURSDAY
12

Día de la Virgen de Guadalupe (MÉXICO)

FRIDAY
13

SATURDAY
14

December 2002

SUNDAY
15

MONDAY
16

Las Posadas (MÉXICO)

TUESDAY
17

WEDNESDAY
18

FULL◯MOON 19:11 U.T.

THURSDAY
19

FRIDAY
20

SATURDAY
21

NOVEMBER 2002

					1	2
3	4	5	6	7	8	9
10	11	12	13	14	15	16
17	18	19	20	21	22	23
24	25	26	27	28	29	30

DECEMBER 2002

1	2	3	4	5	6	7
8	9	10	11	12	13	14
15	16	17	18	19	20	21
22	23	24	25	26	27	28
29	30	31				

JANUARY 2003

			1	2	3	4
5	6	7	8	9	10	11
12	13	14	15	16	17	18
19	20	21	22	23	24	25
26	27	28	29	30	31	

©2001 *Mark Raycroft*

©2001 Mark Raycroft

December 2002

SUNDAY
22
WINTER SOLSTICE, SOLSTICE D'HIVER, SOLSTICIO DE INVIERNO 1:15 U.T.

MONDAY
23
Emperor's Birthday (JAPAN)

TUESDAY
24
Christmas Eve, Veille de Noël, Nochebuena

WEDNESDAY
25
Christmas Day, Noël, Navidad

THURSDAY
26
Kwanzaa begins

Boxing Day

FRIDAY
27
3RD ☾ QTR 0:32 U.T.

SATURDAY
28

December 2002

SUNDAY
29

MONDAY
30

TUESDAY
31

January 2003

New Year's Eve, Veille du Jour de l'An, Fin de Año

WEDNESDAY
1

New Year's Day, Jour de l'An, Año Nuevo

Kwanzaa ends

THURSDAY
2

Day after New Year's Day (NEW ZEALAND)

Bank Holiday (SCOTLAND)

FRIDAY
3

SATURDAY
4

Year Planner 2003

	January		February		March		April
1	We	1	Sa	1	Sa	1	Tu
2	Th	2	Su	2	Su	2	We
3	Fr	3	Mo	3	Mo	3	Th
4	Sa	4	Tu	4	Tu	4	Fr
5	Su	5	We	5	We	5	Sa
6	Mo	6	Th	6	Th	6	Su
7	Tu	7	Fr	7	Fr	7	Mo
8	We	8	Sa	8	Sa	8	Tu
9	Th	9	Su	9	Su	9	We
10	Fr	10	Mo	10	Mo	10	Th
11	Sa	11	Tu	11	Tu	11	Fr
12	Su	12	We	12	We	12	Sa
13	Mo	13	Th	13	Th	13	Su
14	Tu	14	Fr	14	Fr	14	Mo
15	We	15	Sa	15	Sa	15	Tu
16	Th	16	Su	16	Su	16	We
17	Fr	17	Mo	17	Mo	17	Th
18	Sa	18	Tu	18	Tu	18	Fr
19	Su	19	We	19	We	19	Sa
20	Mo	20	Th	20	Th	20	Su
21	Tu	21	Fr	21	Fr	21	Mo
22	We	22	Sa	22	Sa	22	Tu
23	Th	23	Su	23	Su	23	We
24	Fr	24	Mo	24	Mo	24	Th
25	Sa	25	Tu	25	Tu	25	Fr
26	Su	26	We	26	We	26	Sa
27	Mo	27	Th	27	Th	27	Su
28	Tu	28	Fr	28	Fr	28	Mo
29	We			29	Sa	29	Tu
30	Th			30	Su	30	We
31	Fr			31	Mo		

Year Planner 2003

	May		June		July		August
1	Th	1	Su	1	Tu	1	Fr
2	Fr	2	Mo	2	We	2	Sa
3	Sa	3	Tu	3	Th	3	Su
4	Su	4	We	4	Fr	4	Mo
5	Mo	5	Th	5	Sa	5	Tu
6	Tu	6	Fr	6	Su	6	We
7	We	7	Sa	7	Mo	7	Th
8	Th	8	Su	8	Tu	8	Fr
9	Fr	9	Mo	9	We	9	Sa
10	Sa	10	Tu	10	Th	10	Su
11	Su	11	We	11	Fr	11	Mo
12	Mo	12	Th	12	Sa	12	Tu
13	Tu	13	Fr	13	Su	13	We
14	We	14	Sa	14	Mo	14	Th
15	Th	15	Su	15	Tu	15	Fr
16	Fr	16	Mo	16	We	16	Sa
17	Sa	17	Tu	17	Th	17	Su
18	Su	18	We	18	Fr	18	Mo
19	Mo	19	Th	19	Sa	19	Tu
20	Tu	20	Fr	20	Su	20	We
21	We	21	Sa	21	Mo	21	Th
22	Th	22	Su	22	Tu	22	Fr
23	Fr	23	Mo	23	We	23	Sa
24	Sa	24	Tu	24	Th	24	Su
25	Su	25	We	25	Fr	25	Mo
26	Mo	26	Th	26	Sa	26	Tu
27	Tu	27	Fr	27	Su	27	We
28	We	28	Sa	28	Mo	28	Th
29	Th	29	Su	29	Tu	29	Fr
30	Fr	30	Mo	30	We	30	Sa
31	Sa			31	Th	31	Su

Year Panner 2003

September		October		November		December	
1	Mo	1	We	1	Sa	1	Mo
2	Tu	2	Th	2	Su	2	Tu
3	We	3	Fr	3	Mo	3	We
4	Th	4	Sa	4	Tu	4	Th
5	Fr	5	Su	5	We	5	Fr
6	Sa	6	Mo	6	Th	6	Sa
7	Su	7	Tu	7	Fr	7	Su
8	Mo	8	We	8	Sa	8	Mo
9	Tu	9	Th	9	Su	9	Tu
10	We	10	Fr	10	Mo	10	We
11	Th	11	Sa	11	Tu	11	Th
12	Fr	12	Su	12	We	12	Fr
13	Sa	13	Mo	13	Th	13	Sa
14	Su	14	Tu	14	Fr	14	Su
15	Mo	15	We	15	Sa	15	Mo
16	Tu	16	Th	16	Su	16	Tu
17	We	17	Fr	17	Mo	17	We
18	Th	18	Sa	18	Tu	18	Th
19	Fr	19	Su	19	We	19	Fr
20	Sa	20	Mo	20	Th	20	Sa
21	Su	21	Tu	21	Fr	21	Su
22	Mo	22	We	22	Sa	22	Mo
23	Tu	23	Th	23	Su	23	Tu
24	We	24	Fr	24	Mo	24	We
25	Th	25	Sa	25	Tu	25	Th
26	Fr	26	Su	26	We	26	Fr
27	Sa	27	Mo	27	Th	27	Sa
28	Su	28	Tu	28	Fr	28	Su
29	Mo	29	We	29	Sa	29	Mo
30	Tu	30	Th	30	Su	30	Tu
		31	Fr			31	We

Notes

Notes

Notes

Notes

Notes

Notes

Notes

Notes

Notes

Notes

Notes

Notes

Notes

Notes

Notes